Unia Genosis

ROSEN-KRIEG - Neunter Band

Unia Genosis

ROSEN-KRIEG - Neunter Band

"war of the roses" / "guerre des roses"

Goldene Rakete Verlag für Belletristik

Imprint
Any brand names and product names mentioned in this book are subject to trademark, brand or patent protection and are trademarks or registered trademarks of their respective holders. The use of brand names, product names, common names, trade names, product descriptions etc. even without a particular marking in this work is in no way to be construed to mean that such names may be regarded as unrestricted in respect of trademark and brand protection legislation and could thus be used by anyone.

Cover image: www.ingimage.com

Publisher:
Goldene Rakete Verlag für Belletristik
is a trademark of
International Book Market Service Ltd., member of OmniScriptum Publishing Group
17 Meldrum Street, Beau Bassin 71504, Mauritius

Printed at: see last page
ISBN: 978-620-2-44425-5

Inhaltsverzeichnis:

I. Therapieanordnung (2016):

1. Schreiben Kanzlei „Wohlsein" an Frau G.:[1]

G. ./. A.

Sehr geehrte Frau G.,

ferner bitte ich Sie, mich nach Ablauf des 03.03. davon zu unterrichten, ob die Gegenseite der Therapie zugestimmt hat. Wenn das nicht der Fall ist, geben Sie mir bitte die relevanten Unterlagen herein, aus denen sich die Notwendigkeit für die Therapie und die Zusage des Antragsgegners vom 17.12. ergibt.

Mit freundlichen Grüßen

(Rechtsanwalt)

[1] 02.03.2016

2. <u>Schreiben Kanzlei „Wohlsein“ an Frau G.:</u>[2]

G. ./. A.

Sehr geehrte Frau G.,

in dieser Angelegenheit erhalten Sie in der Anlage den Entwurf des Antrages auf Erlass der Einstweiligen Anordnung.

Ich bitte diesen zu prüfen und Ergänzungswünsche mitzuteilen.

Ferner bedarf es einer Eidesstattlichen Versicherung, die Sie bitte im Original hierher zurücksenden wollen.

Ferner darf ich Sie bitten, das anwaltsübliche Verrechnungsgeld in Höhe von € 500,00 (netto) auf eines unserer nebenstehenden Konten zu überweisen.

Mit freundlichen Grüßen

(Rechtsanwalt)

---

[2] 09.03.2016

3. Schreiben Kanzlei „Wohlsein" an das Amtsgericht:[3]

Antrag auf Erlass einer Einstweiligen Anordnung

Der Frau G.

- Antragstellerin -

g e g e n

Herrn A.

- Antragsgegner -

wegen: psychotherapeutischer Behandlung des jüngeren Kindes

Ordnungsgemäße Vollmacht beifügend zeigen wir an, dass wir die Antragstellerin vertreten. Namens und in Vollmacht der Antragstellerin beantragen wir, wegen der Eilbedürftigkeit im Wege der Einstweiligen Anordnung ohne mündliche Verhandlung, hilfsweise aufgrund mündlicher Verhandlung, folgendes zu beschließen:

1. Dem Antragsgegner wird aufgegeben, seine Zustimmung zu einer tiefenpsychologisch orientierten bzw. psychoanalytischen Psychotherapie / Spieltherapie, vorzugsweise bei einer weiblichen Therapeutin für die jüngere Tochter zuzustimmen.

[3] 15.03.2016

2. Die Kosten des Verfahrens werden dem Antragsgegner auferlegt.

G r ü n d e

1.)

Wie dem Gericht bekannt ist (vgl. etwa 2015) handelt es sich bei den Parteien um geschiedene Eheleute. Aus der Ehe sind die beiden Töchter, beide bei der Kindesmutter lebend, hervorgegangen.

In dem Verfahren 2015 wurde für die Töchter ein Verfahrensbeistand bestimmt.

Ferner ist das Jugendamt der Kreisverwaltung bei der Umgangsregelung einbezogen.

2.)

Bereits in dem Protokoll der nichtöffentlichen Sitzung des Amtsgerichts – Familiengericht – vom 17.12.2015 war die Behandlungsbedürftigkeit des Kindes thematisiert worden. Deswegen wurde von Gericht im Anschluss an den Vergleich aufgenommen:

> *„Desweiteren erklärt der Kindesvater, dass er im Hinblick auf eine geplante psychotherapeutische Behandlung der jüngeren Tochter mit der zur Zeit involvierten Psychotherapeutin Kontakt*

aufnehmen werde. Er werde mit ihr ein Gespräch führen, inwieweit eine psychotherapeutische Behandlung angezeigt ist."

Entgegen dieser Zusicherung hat der Kindesvater diesen Kontakt **nicht aufgenommen** und auch seine Zustimmung (obwohl mehrfach von zahlreichen Stellen erbeten) nicht erteilt, so dass nunmehr im Wege der Einstweiligen Anordnung im Interesse des Kindeswohles zu entscheiden ist.

Dies begründen wir wie folgt:

1.)

Wir überreichen als

Anlage K 1

die Bescheinigung der Grundschule vom 14.12.2015, aus der wir zitieren:

„Eine mündliche Mitarbeit kann zur Zeit nicht festgestellt und benotet werden. Da sie vor der Klasse so gut wie nicht spricht und auch bei Gruppenarbeiten ihre Mitarbeit verweigert, ***ist eine therapeutische Hilfe***

__unbedingt erforderlich__. Trotz vieler Versuche schulischer Fördermaßnahmen sind die Sprachverweigerungen nicht weniger geworden.

Die fehlenden sprachlichen Erfahrungen bedingen die großen Lücken, die sie in Grammatik und Leseverständnis zeigt. Hier befindet sie sich nicht auf dem Level eines beginnenden 4. Schuljahres. __Ohne gezielte therapeutische Maßnahmen wird sie den schulischen Anforderungen spätestens in der Orientierungsstufe wohl nicht mehr genügen.__"

Beweis für die Richtigkeit: Zeugnis des Klassenlehrers, zu laden über die Grundschule.

2.)

Bereits unter dem 08.05.2015 hatte das Krankenhaus, und zwar die Fachärztin für Kinder- und Jugendpsychiatrie, Chefärztin für Kinder- und Jugendmedizin, gemäß der als

Anlage K 2

folgendes bezüglich der jüngeren Tochter zum Ausdruck gebracht:

„Aus kinder- und jugendpsychiatrischer Sicht ist allerdings eine stationäre Aufnahme erst nach Zustimmung des Kindesvaters möglich. Nach telefonischer Rücksprache mit Herrn A. am 07.05.2015 lehnt der Kindesvater aktuell sowohl eine ambulante als auch eine stationäre Behandlung in unserer Klinik ab."

Unter dem 11.12.2015, beigefügt als

Anlage K 3,

hat die Dipl.-Pädagogin, Kinder- und Jugendlichen-Psychotherapeutin aus der Psychotherapeutischen Praxis bezüglich der jüngeren Tochter mitgeteilt:

„... auf der Grundlage der von Ihnen geschilderten Symptomatik, sowie der zur Einsicht überlassenen Unterlagen bin ich bereit, die indizierte psychotherapeutische Behandlung ihrer Tochter zu übernehmen. Voraussetzung hierfür ist das schriftliche Einverständnis und die Kooperationsbereitschaft des Kindesvaters."

Aus der fachärztlichen Stellungnahme des Kinderarztes vom 11.12.2015, beigefügt als

Anlage K 4,

geht hervor, dass aus kinderärztlicher Sicht eine Wiederaufnahme der ambulanten Psychotherapie bei der oben genannten Patientin aufgrund der derzeitig wieder zunehmenden Schulprobleme indiziert ist.

Weiterhin hat die Kinder- und Jugendpsychiaterin mit dem als

Anlage K 5

beigefügten Schreiben vom 07.12.2015 als fachärztliche Stellungnahme folgendes zum Ausdruck gebracht:

„Sie bedarf aus fachärztlicher Sicht dringend und zeitnah einer tiefenpsychologisch orientierten bzw. psychoanalytischen Psychotherapie/Spieltherapie, vorzugsweise bei einer weiblichen Therapeutin."

3.)

Der Antragsgegner hat, trotz einer vom Jugendamt gesetzten Frist zum 03.03.2016, die Zustimmung nicht erteilt und versucht, die Angelegenheit weiter heraus zu zögern, weiteren Informationsbedarf zu reklamieren, obwohl er dazu, spätestens seit der Gerichtsverhandlung vom 17.12.2015, ausreichend Gelegenheit hatte.

Es besteht hier dringender Handlungsbedarf im Interesse des Kindeswohles.

Beweis: Zeugnis der Vorgenannten und Sachverständigengutachten.

Aus diesem Grund ist nunmehr der Antragsgegner im Wege der Einstweiligen Anordung zu verpflichten, dem Kindeswohl entsprechend seine Zustimmung zu erteilen.

4.)

Zur Glaubhaftmachung nehmen wir Bezug auf die beigefügten Unterlagen und die als

Anlage K 6

Beigefügte Eidesstattliche Versicherung.

Die Rechtsanwälte
durch

(Rechtsanwalt)

4. Schreiben der Kanzlei „ehr&wehr“ an das Amtsgericht:[4]

In der Familiensache

G. ./. A.

wegen einstweiliger Anordnung betreffend Zustimmung zur Therapie der jüngeren Tochter

beantragen wir,

den Antrag auf Erlass einer einstweiligen Anordnung zurückzuweisen.

Statt hier unter Missbrauch des Gerichts ein weiteres Verfahren gegen den Antragsgegner vom Zaun zu brechen, wäre es für die Antragstellerin ein Leichtes gewesen, durch ein Gespräch mit dem Antragsgegner – beide Verfahrensbeteiligten sind sorgeberechtigt für das gemeinsame Kind – die Angelegenheit einverständlich zu regeln. Aus Sicht des Antragsgegners legt dies den Gedanken nahe, der Antragstellerin zu empfehlen, die eigene psychische Situation durch Fachleute analysieren und diagnostizieren zu lassen.

Der Antragsgegner hat mit E-Mail vom 22.03.2016 seine Zustimmung zur Therapie bei der Psychotherapeutin erteilt. Es besteht weder ein Anordnungsgrund noch ein Anordnungsanspruch. Wir überreichen als

[4] 23.03.2016

Anlage die eidesstattliche Erklärung des Antragsgegners vom 21.03.2016, auf die wir vollinhaltlich Bezug nehmen.

Irgendwelche Fristsetzungen sind entgegen der eidesstattlichen Versicherung der Antragstellerin nicht erfolgt. Irgendwelche Sachverhalte aus dem Frühjahr 2015 können hier schlechterdings nicht in Bezug genommen werden. Es geht um hier und heute. Hier ist der Antragsgegner entsprechend der Vereinbarung vom 17.12. aktiv geworden. Offensichtlich ist es der Antragstellerin noch zuviel, mit dem anderen sorgeberechtigten Elternteil per E-Mail, per Telefon oder gar mündlich Kontakt aufzunehmen. Im Interesse des Kindeswohls hat der Antragsgegner die Zustimmung zur Therapie erteilt. Die Entwicklung in dem chaotischen Haushalt der Antragstellerin ist sicherlich für das Kindeswohl auch in psychischer Hinsicht nicht förderlich und förderlich gewesen.

Der Antragsgegner hat zu diesem aus seiner Sicht unsinnigen und missbräuchlichen Antrag auf einstweilige Anordnung keinen Anlass gegeben. Die Antragstellerin mag ihren Antrag zurücknehmen.

Rechtsanwalt

5. Schreiben des Amtsgerichts an die Kanzlei „Wohlsein“:[5]

In Sachen
G. ./. A.
wg. Elterliche Sorge, eA

Sehr geehrte Damen und Herren Rechtsanwälte,

Sie werden um Benennung des/der Therapeuten/in, welche letztendlich die Therapie von der jüngeren Tochter durchführt, gebeten (Konkretisierung des Antrages).

Mit freundlichen Grüßen
Auf Anordnung

Justizobersekretärin
Dieses Schreiben wurde elektronisch erstellt und ist ohne Unterschrift gültig.

[5] 29.03.2016

6. Schreiben Kanzlei „Wohlsein“ an das Amtsgericht:[6]

In Sachen

G.

./.

A.

Schriftsatzfrist: 15.04.2016

nehmen wir Bezug auf den Schriftsatz der Gegenseite vom 23.03.2016.

Es amüsiert, wenn der Antragsgegner meint, der Antrag auf Erlass einer Einstweiligen Anordnung zur Zustimmung der Therapie sei „unter Missbrauch des Gerichtes“ erstattet worden.

Wer solche vollmundigen Erklärungen abgibt, sollte sich mit den Tatsachen auseinandersetzen.

Der Schriftsatz, in dem erklärt wird, dass der Antragsteller nun endlich zustimmt, datiert vom **23.03.2016**. Die Zustimmung des Antragsgegners stammt aus einer E-Mail vom **22.03.2016**. Allein schon dieser Zeitablauf spricht für sich!

Wir erklären daher den Rechtsstreit in der Hauptsache für erledigt mit dem Antrag,

dem Antragsgegner die Kosten des Verfahrens aufzuerlegen.

[6] 15.04.2016

Der Antrag war keineswegs rechtsmissbräuchlich, sonder, ganz im Gegenteil, absolut notwendig.

Wir überreichen als

Anlage K 7

Einen „chronologischen Ablauf bezüglich der Einverständniserklärung des Kindesvaters zur Therapie“, in der detailliert beschrieben wird, dass der Kindesvater absolut unwillig war, der Therapie, die Klassenlehrer, Kinderarzt, zwei Kinderpsychiater, als notwendig anerkannt haben, zuzustimmen.
Erst nach dem Antrag auf Erlass einer Einstweiligen Anordnung willigte der Kindesvater plötzlich, am 22.03.2016, also nach Zustellung der Antragsschrift, ein.

Damit dürfte feststehen und auch klar sein, dass der Antragsgegner ausreichend Anlass gegeben hat, den Antrag auf Erlass einer Einstweiligen Anordnung zu stellen. Er hat die Kosten des Verfahrens zu tragen.

Nicht das Verhalten der Antragstellerin, sondern das Verhalten des Antragsgegners ist rechtsmissbräuchlich und verletzt nachhaltig das Kindeswohl.

Die Rechtsanwälte
durch

(Rechtsanwalt)

Chronologischer Ablauf bezüglich einer Einverständniserklärung des Kindesvaters zu einer Therapie für die jüngere Tochter:

15.12.15: die Kindesmutter reicht alle notwendigen und aussagekräftigen Dokumente bei Gericht ein. Bitte um Einverständniserklärung des Kindesvaters zur dringend benötigten Therapie für die jüngere Tochter.
17.12.15: Rechtsanwalt Kanzlei „ehr&wehr" erklärt, sein Mandant werde keine Erlaubnis zur Therapie unterzeichnen.
17.12.15: die Kindesmutter setzt die Kinderpsychotherapeutin davon in Kenntnis, dass der Kindesvater kein Einverständnis vor Gericht abgegeben habe, protokollarisch jedoch festgehalten wurde, dass er Kontakt aufnehmen werde.

02.02.16: Nachricht von der Kinderpsychotherapeutin: kein Kontakt zum Kindesvater.
03.02.16: die Kindesmutter bittet das Jugendamt um Unterstützung, der Kindesvater möge endlich der benötigten Therapie zustimmen.
03.02.16: das Jugendamt antwortet der Kindesmutter per Mail, man werde den Kindesvater zu einem persönlichen Gespräch einladen.
12.02.16: Schreiben des Jugendamtes, in der Zwischenzeit habe das Gespräch mit dem Kindesvater stattgefunden.
17.02.16: Schreiben des Jugendamtes: der Kindesvater benötige weitere Informationen, es könne ein „Trennungs- und Scheidungs-Beratungsgespräch" mit ihm stattfinden.
25.02.16: Schreiben der Kindesmutter an das Jugendamt, dieses möge bitte die Einverständniserklärung des Kindesvaters zur dringend benötigten Therapie der jüngeren Tochter bis zum 03.03.16 beibringen.

01.03.16: Schreiben des Jugendamtes an die Kindesmutter: eine Delegation der Verantwortung an das Jugendamt mit Fristsetzung „um Ihre Ziele durchzusetzen“ [zynisch: es geht um das Wohl des Kindes!] sei nicht möglich.
03.03.16: Ablauf der Frist: nach 2 ½ Monaten liegt noch immer keine Einverständniserklärung des Kindesvaters zu Saras Therapie vor, der Fortlauf der Therapie ist behindert.

15.03.16: Antrag auf Erlass einer Einstweiligen Anordnung wegen psychotherapeutischer Behandlung des jüngeren Kindes durch die Kanzlei „Wohlsein“

18.03.16: Rechnung der Kinderpsychotherapeutin über eine probatorische Sitzung mit dem Kindesvater vom 10.02.16.
21.03.16: Bestätigung der Kinderpsychotherapeutin: es liegt KEINE Einverständniserklärung des Kindesvaters vor.

22.03.16: plötzliche (und eingeschränkte / befristete) Einverständniserklärung des Kindesvaters (per Mail auch an die Kinderpsychotherapeutin und das Jugendamt)
23.03.16: Schreiben Kanzlei „ehr&wehr“, der Kindesvater habe grundsätzlich nichts gegen eine Therapie, stehe mit allen in Kontakt (Jugendamt, Klassenlehrer, Therapeutin), benötige aber ein Gespräch mit der Kindesmutter.
23.03.16: Schreiben des Jugendamtes an das Amtsgericht: ein Gespräch mit dem Kindesvater habe am 11.03.16 stattgefunden.

7. Schreiben des Amtsgerichts an Frau G.:[7]

In Sachen
G. ./. A.
wg. Elterliche Sorge, eA

Sehr geehrte Frau G.,

im oben bezeichneten Verfahren wurde der Haupttermin bestimmt auf:

Wochentag und Datum: **Donnerstag, 19.05.2016**
Uhrzeit: **13:15 Uhr**

Zu diesem Termin werden Sie hiermit geladen.

Ihr persönliches Erscheinen zum Termin ist angeordnet.

Mit freundlichen Grüßen
Auf Anordnung

Justizbeschäftigte
Dieses Schreiben wurde elektronisch erstellt und ist ohne Unterschrift gültig.

---
[7] 14.04.2016

8. Schreiben Kanzlei „Wohlsein" an das Amtsgericht:[8]

In Sachen

G.

./.

A.

bitten wir im Hinblick auf unseren Schriftsatz vom 15.04.2016 um Überprüfung, ob es des Termins vom 19.05.2016 noch bedarf.

Die Rechtsanwälte
durch

(Rechtsanwalt)

[8] 18.04.2016

9. Schreiben des Amtsgerichts an Frau G.:[9]

In Sachen
G. ./. A.
wg. Elterliche Sorge, eA

Sehr geehrte Frau G.,

der nachfolgende Haupttermin wurde aufgehoben:

Wochentag und Datum: **Donnerstag, 19.05.2016**
Uhrzeit: **13:15 Uhr**

Grund: Erledigungserklärung

Sie brauchen zu dem vorstehenden Termin deshalb **nicht** zu erscheinen.

Mit freundlichen Grüßen
Auf Anordnung

Justizbeschäftigte
Dieses Schreiben wurde elektronisch erstellt und ist ohne Unterschrift gültig.

---
[9] 18.04.2016

10. Schreiben der Kanzlei „ehr&wehr“ an das Amtsgericht:[10]

In der Familiensache

G. ./. A.
wegen EA elterliche Sorge für die jüngere Tochter

sind die Ausführungen im Schriftsatz der Antragstellerin vom 15.04.2016 unerheblich.

Der Antragsgegner hat, wie bereits ausgeführt, entsprechend seiner Verpflichtung im Termin vom 17.12.2015 vor dem erkennenden Gericht erklärt, er werde mit der Psychotherapeutin Kontakt aufnehmen und ein Gespräch führen, inwieweit psychotherapeutische Behandlung angezeigt ist. Die Antragstellerin behauptet wahrheitswidrig, er habe da Gespräch nicht geführt. Das Gegenteil ist richtig. Wir verweisen auf die eidesstattliche Erklärung des Antragsgegners.

Die Antragstellerin erwartete offenbar vom Antragsgegner, der gleichermaßen sorgeberechtigt ist für die Tochter, eine „Generalvollmacht“, mit dem Kind therapeutische Maßnahmen bei wem auch immer und in welchem Umfang und mit welchem Ziel auch immer durchführen zu lassen. Damit war in der Tat der Antragsgegner nicht einverstanden und musste es auch nicht sein. Es wäre für die Antragstellerin ein Leichtes gewesen, dem Antragsgegner hierzu Informationen zu geben, wo, welche Therapeutin mit welchen Diagnosen welche Therapie durchführen solle. Da hierzu keinerlei Information an

[10] 27.04.2016

den Antragsgegner kam, hat dieser die Antragstellerin gebeten, mit ihm hierüber – beim Jugendamt – zu sprechen, vor dem Hintergrund, hier die bestmögliche Therapie im Hinblick auf eine noch zu stellende Diagnose zu finden.

Hierzu nahm die Antragstellerin keine Stellung. Eine Antwort erfolgte zu keinem Zeitpunkt. Statt, wie es unter normalen und vernünftigen Menschen üblich und möglich, erst recht, wie es zwischen gemeinsam sorgeberechtigten Eltern sein sollte, einem Gespräch zuzustimmen, geschweige denn den Antragsgegner über die Therapie und die Therapeutin, die sie im Auge hatte, zu sprechen, meinte sie, einen Antrag auf Erlass einer einstweiligen Anordnung stellen zu müssen.

Da dem Antragsgegner ausschließlich die Kinderpsychologin als potentielle Therapeutin bekannt war, hat er, da die Antragstellerin weder mit ihm sprechen noch fernmündlich Kontakt aufnehmen wollte, schließlich einer Therapie durch die Kinderpsychologin zugestimmt und damit auch bestimmt, dass nur die Kinderpsychologin hierzu ermächtigt sein sollte und irgendwelche Therapien bei irgendwelchen dem Antragsgegner unbekannten Personen ausgeschlossen werden sollten.

Es bleibt dabei, dass der Antrag der Antragstellerin auf einstweilige Anordnung völlig überflüssig war.

Zutreffend hat das Jugendamt der Antragstellerin mit Schreiben vom 01.03. nochmals das Gesprächsangebot des Antragsgegners mitgeteilt. Die Antragstellerin wollte aber ganz offensichtlich mit dem Antragsgegner nicht über die zutreffende Therapie und die zu wählende Therapeutin sprechen – als wenn dies nicht im Interesse des

Kindeswohles wichtig gewesen wäre. Die Antragstellerin verdreht auch diesbezüglich, sowohl die Tatsachen als auch die Bewertung in ihrem „chronologischen Ablauf", der dem Schriftsatz vom 15.04.2016 beigefügt ist.
Wenn hier jemand zynisch gewesen ist, dann die Antragstellerin, die zynisch jedes Gespräch mit dem Antragsgegner offensichtlich abgelehnt hat.

Nach wie vor bleibt es dabei, dass das vorliegende Verfahren völlig überflüssig war.

Wie die Antragstellerin in ihrem „chronologischen Ablauf" unter dem 22.03.2016 ausführt, hat der Antragsgegner eine eingeschränkte Einverständniserklärung zur Therapie bei der Kinderpsychotherapeutin und nur bei dieser erteilt. Der Antrag der Antragstellerin lautete völlig anders und war allgemein gefasst, ohne dass hier Therapeut und Ort der Therapie angegeben worden wären.

Da von Antragstellerseite hiermit ihr Antrag als erledigt angesehen wird, will der Antragsgegner dem nicht im Wege stehen, sondern stimmt der Erledigung der Hauptsache zu und beantragt,

der Antragstellerin die Kosten des Verfahrens aufzuerlegen.

Rechtsanwalt.

11. Beschluss des Amtsgerichts:[11]

In der Familiensache

Frau G.

- **Antragstellerin -**

gegen

Herrn A.

- **Antragsgegner -**

Weitere Beteiligte:

Kind:
Jüngere Tochter

Jugendamt:
Jugendamt des Kreises

wegen einstweiliger Anordnung elterliche Sorge

hat das Amtsgericht – Familiengericht – durch die Richterin am Amtsgericht am 10.05.2016 beschlossen:

[11] 10.05.2016

Die Kosten des Verfahrens werden nach Erledigung der Hauptsache gegeneinander aufgehoben.

Gründe:

Die Kostenentscheidung beruht auf §§ 51 Abs. 4, 81 Abs. 1 Satz 1 FamFG. Für die Kosten des Verfahrens der einstweiligen Anordnung gelten die allgemeinen Vorschriften. Nach billigem Ermessen war über die Kosten wie geschehen zu entscheiden, nachdem die Parteien übereinstimmend die Hauptsache für erledigt geklärt haben und wechselseitige Kostenanträge gestellt haben.

Die Parteien sind Eltern des Kindes.

Die Kindesmutter begehrte im Wege der einstweiligen Anordnung, dem Antragsgegner aufzugeben, seine Zustimmung zu einer tiefenpsychologisch orientierten bzw. psychoanalytischen Psychotherapie / Spieltherapie, vorzugsweise bei einer weiblichen Therapeutin, zu erteilen. Der Kindesvater hat letztendlich im laufenden Verfahren seine Zustimmung zu einer Therapie bei der Therapeutin erteilt.

Nach Auffassung des Gerichts war es nicht angezeigt, einem der Beteiligten die gesamten Kosten des Verfahrens aufzuerlegen. Der Ausgang des Verfahrens ist letztendlich nicht abzusehen. Nach dem bisherigen Sach- und Streitstand ist zwar nach den eingereichten Unterlagen offensichtlich ein therapeutischer Bedarf gegeben. Allerdings bleibt ungeklärt, inwieweit bereits eine abschließende Diagnostik stattgefunden hat und welche konkrete Therapie durchgeführt werden sollte. Auch der behandelnde Therapeut sowie die Art und Weise der therapeutischen Behandlung, ob z.B. ambulant oder stationär, bleibt bis zum Schluss offen. Insoweit hätte im Laufe des Verfahrens ggf. erst abschließend geklärt werden müssen, aufgrund welcher Diagnose welche Therapie bei welchem Therapeuten zum Wohl des Kindes durchgeführt werden muss.

Rechtsbehelfsbelehrung:

Gegen diesen Beschluss findet das Rechtsmittel der Beschwerde statt.

Richterin am Amtsgericht

Erlass des Beschlusses (§ 38 Abs. 3 Satz 3 FamFG):
Übergabe an die Geschäftsstelle
am 10.05.2016.

Justizbeschäftigte
als Urkundsbeamtin der Geschäftsstelle

12. Schreiben Kanzlei „Wohlsein“ an Frau G.:[12]

G. ./. A.

- einstw. Anordnung jüngere Tochter -

Sehr geehrte Frau G.,

beigefügt erhalten Sie im Nachgang zu unserem heutigen Schreiben noch den hier am 18.05.2016 eingegangenen Beschluss des AG, wonach die Kosten des Verfahrens nach Erledigung gegeneinander aufgehoben wurden, mit der Bitte um Kenntnisnahme.

Gegen diesen Beschluss sollten wir m.E. Beschwerde einlegen; insoweit verweise ich auf meine heutigen Ausführungen an das AG, die sich mit dem Eingang des Beschlusses gekreuzt haben.

Die Beschwerde muss bis zum 20.06.2016 [bei Gericht eingehend] eingelegt werden. Bitte teilen Sie mir rechtzeitig vor Ablauf dieser Frist mit, ob das Rechtsmittel erhoben werden soll.

Mit freundlichem Gruß

(Rechtsanwalt)

[12] 19.05.2016

13. Schreiben Kanzlei „Wohlsein“ an das Amtsgericht:[13]

In Sachen

G.

./.

A.

sei noch kurz auf die Ausführungen der Gegenseite vom 27.04.2016 geantwortet:

Der Antrag der Antragstellerin auf Erlass der Einstweiligen Anordung war absolut notwendig, da der Antragsgegner mit einer an Rechtsblindheit grenzenden Sturheit nur dann tätig wird, wenn er gerichtlichem Zwang ausgesetzt ist.

- So ist der Antragsgegner der Verpflichtung vom 17.12.2015, mit der Kinder-Psychotherapeutin Kontakt aufzunehmen, bis einschließlich 02.02.2016 nicht nachgekommen.

- Der Kindesvater hat sich erst auf ein Gespräch mit der Kinder-Psychotherapeutin eingelassen, nachdem die Kindesmutter das

[13] 19.05.2016

Jugendamt am 03.02.2016 erneut um Unterstützung dahingehend gebeten hatte.

- Erst nachdem das Jugendamt den Antragsgegner an seine Pflicht erinnert hat, hat dieser das Gespräch mit der Kinder-Psychotherapeutin geführt.

- Es ist schon verleumderisch, zu behaupten, dass die Antragstellerin eine Generalvollmacht von dem Antragsgegner verlangt hätte, mit welcher er jegliche Therapie bewilligen würde. Es wäre ihm jederzeit möglich gewesen, ein eigenes Schreiben aufzusetzen, um sein Einverständnis zu erteilen, auch nachdem er sich vorher in jedweder Form kundig gemacht hätte.

- Die angesprochene „Diagnose" durch die Kinder-Psychotherapeutin hat es natürlich nicht gegeben: sie konnte keine Diagnose stellen, da ohne eine Einverständniserklärung des Antragsgegners kein Termin mit der Tochter bei der Kinder-Psychotherapeutin stattfinden durfte, so hat er selber die Diagnose unterbunden.

- Dem Kindesvater ist bekannt, dass die jüngere Tochter am sog. Selektiven Mutismus leidet, hervorgerufen durch eine emotionale Störung des Kindesalters. Auch das Verhalten des Kindesvaters im Zusammenhang mit der hier notwendigen Therapie zeigt, dass dieser nicht auf die Belange seiner Kinder reagiert, sondern nur auf „gerichtlichen Druck". Dies ist bedauerlich, führt aber dazu, dass entsprechende Anträge gestellt werden müssen.

- Zusammenfassend ist festzuhalten, dass alle Bescheinigungen des Klassenlehrers, des Kinderarztes, zweier Kinderpsychiaterinnen und einer Kinder-Psychotherapeutin in Bezug auf die Notwendigkeit zur Psycho-Analyse für die jüngere Tochter den Kindesvater nicht dazu bewegt haben, sein Einverständnis zu erklären.

- Deshalb war der Antrag auf Erlass der einstweiligen Anordnung notwendig, der dazu geführt hat, dass die Einwilligung dann unter dem Druck des Verfahrens erteilt wurde.

- Einen besseren und schlagkräftigeren Beweis für die Notwendigkeit des beantragten Rechtsschutzes als das Verhalten des Kindesvaters gibt es nicht.

Die Kosten des in der Hauptsache erledigten Verfahrens sind daher dem Antragsgegner im vollen Umfange aufzuerlegen.

Die Rechtsanwälte
durch

(Rechtsanwalt)

14. Schreiben Kanzlei „Wohlsein" an das Amtsgericht:[14]

In Sachen

G.

./.

A.

Beschwerdefrist: 20.06.2016

legen wir hiermit der guten Ordnung halber

Beschwerde

gegen den Beschluss des angerufenen Familiengerichts vom 10.05.2016, hier eingegangen am 18.05.2016 ein, mit welchem die Kosten des Verfahrens nach Erledigung der Hauptsache gegeneinander aufgehoben worden sind.

Zur **Begründung** berufen wir uns auf die Ausführungen in unserem Schriftsatz vom 19.05.2016, den wir anliegend nochmals überreichen, und der sich mit dem Beschluss gekreuzt hat. Der Inhalt des Schriftsatzes vom 19.05.2016 ist deswegen Gegenstand des Beschwerdevorbringens.

Die Rechtsanwälte
durch
(Rechtsanwalt)

[14] 17.06.2016

15. Beschluss des Amtsgerichts:[15]

In der Familiensache

Frau G.

- **Antragstellerin -**

gegen

Herrn A.

- **Antragsgegner -**

Weitere Beteiligte:

Kind:
Jüngere Tochter

Jugendamt:
Jugendamt des Kreises

wegen einstweiliger Anordnung elterliche Sorge

hat das Amtsgericht – Familiengericht – durch die Richterin am Amtsgericht am 20.06.2016 beschlossen:

[15] 20.06.2016

1. Der Beschwerde der Antragstellerin gegen den Beschluss vom 10.05.2016 (Bl. 62 d. A.) wird nicht abgeholfen.

2. Die Beschwerde ist dem zuständigen Beschwerdegericht zur Entscheidung vorzulegen.

Gründe:

Der Beschwerde wird aus den im angefochtenen Beschluss genannten Gründen nicht abgeholfen. Auf die weiterhin zutreffende Begründung auch in Berücksichtigung des Schriftsatzes vom 19.05.2016 wird Bezug genommen.

Richterin am Amtsgericht

Erlass des Beschlusses (§ 38 Abs. 3 Satz 3 FamFG):
Übergabe an die Geschäftsstelle
am 22.06.2016.

Justizsekretärin
als Urkundsbeamtin der Geschäftsstelle

16. Schreiben des Oberlandesgerichts am Kanzlei „Wohlsein“:[16]

In Sachen

G. ./. A.

wg. Beschwerde Kosten

Sehr geehrte Damen und Herren Rechtsanwälte,

ich weise vorsorglich darauf hin, dass Ihre „der guten Ordnung halber“ eingelegte Beschwerde gegen den Beschluss des Amtsgerichts – Familiengericht – vom 10.05.2016 unzulässig sein dürfte, da es sich vorliegend um ein Verfahren auf Erlass einer einstweiligen Anordnung handelt. Gemäß § 57 S. 2 FamFG sind Entscheidungen des Amtsgerichts in Verfahren der einstweiligen Anordnung zur elterlichen Sorge zwar grundsätzlich anfechtbar (dies ist bei einer reinen Entscheidung über die Kosten allerdings umstritten), aber nur dann, **wenn das Gericht des ersten Rechtszugs aufgrund mündlicher Erörterung entschieden hat**. Vorliegend hat keine mündliche Verhandlung stattgefunden, weil das Verfahren **vorher** für erledigt erklärt worden ist.

[16] 07.07.2016

Dass dem angefochtenen Beschluss eine unzutreffende Rechtsbehelfsbelehrung beigefügt war, ändert daran nichts. Ein im Gesetz nicht vorgesehenes Rechtsmittel kann hierdurch nicht geschaffen werden.

Sie haben Gelegenheit zur Stellungnahme und gegebenenfalls Rücknahme der Beschwerde bis zum 22.07.2016.

Mit freundlichen Grüßen

Vorsitzende Richterin am Oberlandesgericht

Beglaubigt:

Justizsekretärin

17. Schreiben Kanzlei „Wohlsein" an das Oberlandesgericht:[17]

In Sachen

G.

./.

A.

nehmen wir Bezug auf den Hinweis des OLG vom 07.07.2016, eingegangen am 13.07.2016.

Das Amtsgericht hat einen Nichtabhilfebeschluss erlassen und die Beschwerde dem zuständigen Beschwerdegericht zur Entscheidung vorgelegt.

Da das Oberlandesgericht nunmehr entschieden hat, dass trotz fehlender Rechtsbehelfsbelehrung durch das Amtsgericht der Beschluss, auch wegen der Kosten, nicht anfechtbar sei, nehmen wir hiermit die Beschwerde zurück.

Die Rechtsanwälte
durch

(Rechtsanwalt)

---

[17] 21.07.2016

18. Schreiben Kanzlei „Wohlsein" an Frau G.:[18]

G. ./. A.

Sehr geehrte Frau G.,

leider mussten wir die Beschwerde zurücknehmen. Ich nehme Bezug auf die in der Anlage beigefügte Entscheidung des Oberlandesgerichtes mit dem Hinweis, dass die Beschwerde nicht möglich sei.

Dies, obwohl das Amtsgericht eine falsche Rechtsbehelfsbelehrung erteilt hat, wonach nämlich die Beschwerde durchaus zulässig sei.

Dies hatten wir allerdings auch schon als fragwürdig angesehen, so dass ich die Beschwerde „der guten Ordnung halber" eingelegt habe.

Richtig ist, dass einer Einstweiligen Anordnung ohne mündliche Verhandlung die Beschwerde im Kostenpunkt dann nicht mehr angreifbar ist, so dass ich Sie trotz unserer richtigen Argumente leider nicht mehr weiterführen kann.

Um auf Ihre Fragen einzugehen:

Der Hinweis des Gerichtes, der zutreffend ist, ist eine „Ohrfeige" für Frau Richterin, die nicht nur falsch entschieden hat, sondern darüber hinaus eine falsche Rechtsmittelbelehrung erteilt hat. Wenn ohne mündliche Verhandlung entschieden wir, ist das Urteil nicht anfechtbar. Das kann

---

[18] 21.07.2016

auch nicht nachgeholt oder verändert werden. Also hätte Frau Richterin eine solche Beschwerdemöglichkeit gar nicht erwähnen dürfen. Eine im Gesetz nicht vorgesehene Beschwerde kann auch nicht durch einen Hinweis, der fehlerhaft ist, des erstinstanzlichen Gerichtes eingerichtet werden.

Deswegen war meine Formulierung so gewählt, dass ich „der guten Ordnung halber“ Beschwerde eingelegt habe. Das Oberlandesgericht hat dies zitiert, um zu erkennen zu geben, dass sie meinen Vorbehalt durchaus verstanden haben.

Das ist eben nicht zynisch gemeint, sondern als kollegialer Hinweis zu verstehen, dass der Fehler hier von einer offenbar überforderten Amtsrichterin gemacht wurde.

Ich kann gut verstehen und habe mich sehr gefreut über Ihre spontane Stellungnahme und die Analogie zu Asterix ...

Aber wir müssen leider mit den gesetzlichen Gegebenheiten auskommen.

Was nun die Angelegenheit „Kindesunterhalt“ angeht, hoffen wir, dass wir Frau Richterin rechtzeitig den richtigen Weg aufzeigen können.

Mit freundlichen Grüßen

(Rechtsanwalt)

19. Beschluss des Oberlandesgerichts:[19]

In der Familiensache

Frau G.

- **Antragstellerin und Beschwerdeführerin-**

gegen

Herrn A.

- **Antragsgegner und Beschwerdegegner-**

Weitere Beteiligte:

Kind:
Jüngere Tochter

Jugendamt:
Jugendamt des Kreises

wegen Beschwerde Kosten

[19] 22.07.2016

hat der 7. Zivilsenat – 4. Senat für Familiensachen – des Oberlandesgerichts durch die Vorsitzende Richterin am Oberlandesgericht, die Richterin am Oberlandesgericht und den Richter am Oberlandesgericht am 22.07.2016 beschlossen:

1. Gerichtskosten werden für das Beschwerdeverfahren nicht erhoben; die übrigen Kosten des Beschwerdeverfahrens hat die Antragstellerin zu tragen.

2. Der Verfahrenswert wird für das Beschwerdeverfahren auf 220 € festgesetzt.

Gründe:

Die Entscheidung beruht auf §§ 67 Abs. 4, 84 FamFG, 20 FamGKG. Die Beschwerde ist zurückgenommen worden.

Vorsitzende Richterin	Richterin	Richter
am Oberlandesgericht	am Oberlandesgericht	am Oberlandesgericht

Erlass des Beschlusses (§ 38 Abs. 3 Satz 3 FamFG):
Übergabe an die Geschäftsstelle
am 25.07.2016.

Justizsekretärin
als Urkundsbeamtin der Geschäftsstelle

II. Aufenthaltsbestimmungsrecht (2016):

1. Schreiben Kanzlei „ehr&wehr" an Frau G.:[20]

Sehr geehrte Frau G.,

wie Ihnen bekannt ist, vertreten wir anwaltlich Ihren geschiedenen Ehemann, Herrn A.

Ihre gemeinsame älteste Tochter hat sich dafür entschieden, dauerhaft bei unserem Mandanten zu leben und dort ihren künftigen Lebensmittelpunkt zu haben.

Im Hinblick hierauf bitten wir um Ihre Zustimmung dazu, dass sie nunmehr bei unserem Mandanten in dessen Haus lebt und dort angemeldet wird.

Des Weiteren bitten wir um Ihre schriftliche Zustimmung dazu, dass unser Mandant ab sofort das Kindergeld für sie erhält und einen entsprechenden Antrag bei der Kindergeldstelle stellt.

Wir erwarten Ihre schriftliche Zustimmung bis zum 15.07.2016.

Mit freundlichem Gruß

Rechtsanwalt

---

[20] 08.07.2016

2. <u>Schreiben Kanzlei „ehr&wehr“ an Frau G.:[21]</u>

Sehr geehrte Frau G.,

in der Angelegenheit wegen Ihrer ältesten Tochter liegt bisher eine Beantwortung meines an Sie gerichteten Schreibens vom 8.7.201 nicht vor.

Ich setze hierfür eine Nachfrist bis morgen, 21.7.2016, 12 Uhr. Nach ergebnislosem Ablauf dieser Frist werde ich sogleich entsprechende Anträge beim Familiengericht stellen.

Mit freundlichem Gruß

Rechtsanwalt

[21] 20.07.2016

3. <u>Schreiben Frau G. an Kanzlei „ehr&wehr“:</u>[22]

Guten Tag Herr Rechtsanwalt!

Das Kind, meine älteste Tochter, hat seit 8 Jahren seinen Wohnsitz in meinem Haus.

Am 9. Juni 2016 hat Ihr Mandant, entgegen aller gerichtlichen Umgangsvereinbarungen vom 17. Dezember 2015, das für den Tag nicht vorgesehene Umgangsrecht eigenmächtig missbraucht und mir die älteste Tochter zu entwenden getrachtet.

Nach der Inobhutnahme war eine Heimkehr der ältesten Tochter für den 17. Juli 2016 (17 Uhr) vorgesehen. Die am 13. Juni 2016 getroffene Vereinbarung hat Ihr Mandant jedoch nicht einzuhalten vermocht.

Der gerichtlich vereinbarte Umgang in den Sommerferien für beide Kinder findet vom 25. Juli 2016 (10 Uhr) bis zum 14. August 2016 (17 Uhr) statt.

Bis dahin handelt Ihr Mandant rechtswidrig, seinem Haus das Kind – meine älteste Tochter – einzuverleiben und es dem Umgang mit der seit über 6 Jahren alleinerziehenden Kindesmutter vorzuenthalten.

---

[22] 20.07.2016

Ab sofort hat er es zu unterlassen, das Kind als Lösung für seine persönliche Lebensmisere zu missbrauchen. Ihr Mandant erhält noch eine Nachfrist, das Kind bis morgen Mittag, 12 Uhr, nach Hause zu bringen.

Als christlicher Bundesbruder, „alter Herr" und „Conphilister" vermögen Sie hoffentlich POSITIV auf Ihren Mitbruder und Mandanten einzuwirken.

In diesem Sinne

(Frau G.)

4. Schreiben Kanzlei „ehr&wehr“ an das Amtsgericht:[23]

A n t r a g

auf Übertragung des Aufenthaltsbestimmungsrecht

des Herr A.

Antragstellers

g e g e n

Frau G.

Antragsgegnerin

Namens und im Auftrage des Antragstellers, ordnungsgemäße Bevollmächtigung versichernd, beantragen wir,

das Aufenthaltsbestimmungsrecht für das gemeinsame älteste Kind auf den Antragsteller zu übertragen.

[23] 22.07.2016

G r ü n d e :

Die Verfahrensbeteiligten waren miteinander verheiratet. Sie sind durch Beschluss des Familiengerichts geschieden. Aus der Ehe sind die gemeinsamen Kinder hervorgegangen. Die elterliche Sorge steht beiden Eltern gemeinsam zu. Die Kinder lebten bisher in dem Haus der Antragsgegnerin. Der Antragsteller musste sich in verschiedenen Verfahren vor dem Familiengericht ein Minimum an Umgangsrecht mit seinen Kindern erstreiten. Die Antragsgegnerin hat inzwischen aus einer außerehelichen Beziehung etwa einjährige Zwillinge. Nach Schilderung der Kinder mussten diese miterleben, dass die Antragsgegnerin der Gewalt ihres Lebensgefährten und Vater der Zwillinge ausgesetzt war. Der Antragsteller hat zu den Töchtern ein sehr gutes Verhältnis. Trotz ehrabschneidender Behauptungen der Antragsgegnerin über den Antragsteller durfte dieser während vieler Wochen der Schwangerschaft der Antragsgegnerin beide Kinder bei sich betreuen. Er lebt im eigenen Haus.

Die älteste Tochter, die bald das 15. Lebensjahr vollendet, erklärte am 09.06.2016 nunmehr der Antragsgegnerin: „Ich gehe jetzt zum Vater." Sie machte sich auf den Weg zum Antragsteller und rief ihn von unterwegs gegen 17.30 Uhr an, der Antragsteller solle sie an einem vereinbarten Treffpunkt abholen.

Kurz darauf erhielt der Antragsteller von der ältesten Tochter wiederum einen Anruf mit der Bitte, bei der Polizei anzurufen, sie sei nämlich gerade von der Polizei angerufen worden, weil die Antragsgegnerin ihrerseits die Polizei angerufen habe.

Der Antragsteller tätigte daraufhin den Anruf bei der Polizei und vereinbarte, dort mit der ältesten Tochter bei der Polizei vorbeizukommen. Gegenüber den Polizeibeamten erklärte die älteste Tochter nachdrücklich, nicht mehr zur Mutter zu wollen, sondern zum Vater. Die Polizeibeamten nahmen Kontakt mit dem Jugendamt auf, welches wohl Bereitschaftsdienst hatte. Auf entsprechenden Druck der Antragsgegnerin wurde die älteste Tochter durch das Jugendamt in Obhut genommen. Dass dieses Verhalten der Antragsgegnerin, welches die Inobhutnahme der ältesten Tochter provozierte, verständlicherweise auf diese nicht gerade positiv wirkte, kann nachvollzogen werden. Wir haben im Übrigen grundsätzlich Bedenken, ob eine Inobhutnahme in dieser Situation rechtlich überhaupt zulässig war.

Die älteste Tochter hat sich entschieden, beim Antragsteller zu bleiben und dort auf Dauer zu leben. Am 07.07.2016 fand beim zuständigen Jugendamt ein Gespräch des Antragstellers und der ältesten Tochter statt. Die älteste Tochter alleine sprach ca. 20 Min., ohne Anwesenheit des Antragstellers, mit den Sachbearbeitern.

Von Seiten des Jugendamtes erhielt der Antragsteller den Hinweis, dass das Jugendamt keine Befugnis habe „den Ortswechsel" der ältesten Tochter durchzuführen, der Antragsteller müsse die rechtliche Initiative hierzu ergreifen.

In der Zwischenzeit schickte die Antragstellerin an ihre Tochter E-Mails. Als Beispiel überreichen wir als **Anlage** 1 die E-Mail vom 26.06.2016. Am 21.06.2016 sprach die Antragsgegnerin bei der Dipl. Psychologin und Jugendlichenpsychotherapeutin vor und ließ dort wohl ihrer Phantasie über die negativen Eigenschaften der ältesten Tochter freien

Lauf. Sie hatte die bei ihr festgesetzte Idee, die älteste Tochter sei psychotherapiebedürftig. Der Antragsteller besuchte gemeinsam mit der ältesten Tochter die Jugendlichenpsychotherapeutin am 28.06.2016. Von dieser erhielt das Ergebnis mit Schreiben vom 29.06.2016, welches als **Anlage** 2 in Kopie überreicht wird und das den Verdacht der Antragstellerin ad absurdum führt. Hierauf reagierte die Antragstellerin mit dem unsäglichen E-Mail-Schreiben vom 30.06.2016, welches als **Anlage** 3 in Kopie überreicht wird. Die Mixtur von Beschimpfungen, Beleidigungen und pseudoreligiösen Ausführungen ist schon bemerkenswert, allerdings in Richtung einer eventuellen Therapiebedürftigkeit der Antragsgegnerin. Dass ein normales Kind bei einer Mutter, die solch wirres Zeug in die Welt setzt, wohl kaum bei ihr bleibt, liegt auf der Hand.

Namens des Antragstellers wurde die Antragsgegnerin mit dem in Kopie als **Anlage** 4 überreichten Anwaltsschreiben vom 08.07.2016 angeschrieben und aufgefordert, Zustimmung zu erteilen, dass die älteste Tochter beim Antragsteller leben werde und dieser das Kindergeld für sie erhalten könne. Die konkreten Fragen dieses Schreibens wurden nicht beantwortet, stattdessen kam die als **Anlage** 5 in Kopie überreichte E-Mail vom 15.07.2016.

Mit E-Mail-Schreiben der Anwälte des Antragstellers vom 20.07.2016, **Anlage** 6, wurde die Antragsgegnerin aufgefordert, zu dem Schreiben vom 08.07.2016 Stelllung zu nehmen. Hierauf kam eine E-Mail der Antragsgegnerin vom 20.07.2016, die wir als **Anlage** 7 in Kopie beifügen. Entgegen den Ausführungen in ihrem Schreiben vom 30.06.2016, das durchaus als „Abschiedsschreiben“ aufgefasst werden kann, verlangt die Antragsgegnerin nunmehr, dass die älteste Tochter zurückkehrt zu ihr. Als der Antragsteller am 17.07.2016 der ältesten Tochter anbot, sie zur Antragsgegnerin zu fahren, weigerte sich diese nachdrücklich, ins Auto einzusteigen und zur Mutter zurückzukehren. Dies kann durch Zeugnis Dritter bewiesen werden.

Um endlich die älteste Tochter vor den wirren Vorstellungen der Antragstellerin zu schützen, ist es erforderlich, das Aufenthaltsbestimmungsrecht für diese dem Antragsteller zu übertragen.

Die älteste Tochter hat sich entschlossen, nicht zur Antragsgegnerin zurückzukehren, sondern beim Antragsteller zu leben. Dies hat sie sowohl gegenüber dem Polizeibeamten bei ihrer ungerechtfertigten Inobhutnahme erklärt, als auch gegenüber dem Jugendamt als auch gegenüber der Psychotherapeutin.

Unabhängig davon, dass dies dem festen Willen der ältesten Tochter entspricht, erfordert auch das Kindeswohl der ältesten Tochter, dass dem Antragsteller das Aufenthaltsbestimmungsrecht übertragen wird.

Das Jugendamt mag hierzu gehört werden.

Für den Fall einer Terminierung in dieser Sache wird darauf hingewiesen, dass der Unterzeichner als alleiniger Sachbearbeiter in der 33. Kalenderwoche anwesend ist, nicht aber in der 31. und 32. Kalenderwoche und auch nicht in der 34. Kalenderwoche in der Zeit vom 22. bis 24. August.

Rechtsanwalt

5. Schreiben des Amtsgerichts an Frau G.:[24]

In Sachen

A. ./. G.

wg. elterl. Sorge

Sehr geehrte Frau G.,

im oben verzeichneten Verfahren wurde der Haupttermin bestimmt auf:

Wochentag und Datum: **Montag, 29.08.2016**

Uhrzeit: **13:15 Uhr**

Zu diesem Termin werden Sie hiermit geladen.

Ihr persönliches Erscheinen zum Termin ist angeordnet.

Mit freundlichen Grüßen

Auf Anordnung

Justizbeschäftigte

Dieses Schreiben wurde elektronisch erstellt und ist ohne Unterschrift gültig.

[24] 25.07.2016

6. Schreiben Kanzlei „Wohlsein" an das Amtsgericht:[25]

In Sachen

A.

./.

G.

beantragen wir namens und in Vollmacht der Antragsgegnerin,

dieser unter Beiordnung der Kanzlei „Wohlsein", Verfahrenskostenhilfe zu gewähren.

Die Erklärung über die persönlichen und wirtschaftlichen Verhältnisse werden wir nachreichen.

Nehmen wir Bezug auf unseren Schriftsatz vom 28.07.2016 und begründen hiermit unseren Antrag wie folgt:

Richtig ist, dass die Verfahrensbeteiligten einmal miteinander verheiratet waren und aus dieser Ehe die beiden gemeinsamen Kinder hervorgegangen sind.

Aufgrund dauernder Gewalteinwirkung des Antragstellers gegen die Antragsgegnerin sowie gegen die gemeinsamen Kinder hat sie die

[25] 09.08.2016

Antragsgegnerin schließlich vom Antragsteller getrennt und die Ehe wurde am 24.07.2012 geschieden.

Aus Beiziehung der Akten zu den Verfahren 2010 ist ersichtlich, dass es sogar Verfahren gegen den Antragsteller gab.

Dem Antragsteller wurde aus diesen Gründen sowie aus Gründen körperlicher Beeinträchtigung das allgemeine Umgangsrecht am 02.01.2012 in dem Verfahren 2011 entzogen. Mit dem Druck des Verfahrens 2013 hat der Antragsteller den reduzierten Umgang in Etappen erweitert und sich am 17.12.2015 das allgemeine Umgangsrecht erstritten.

Es ist schlichtweg nicht richtig, dass die Kinder irgendeine Gewalt des Lebensgefährten der Antragsgegnerin „miterleben" mussten bzw. etwaiger Gewalt ausgesetzt gewesen wären.

Vielmehr ist es so, dass der Antragsteller ständig während seiner Umgangskontakte versuchte, die Kinder zu manipulieren. Insbesondere nutzte er die pubertäre Trotzphase der ältesten Tochter aus und suggerierte ihr, sie sei mit 14 Jahren alt genug und könne selbst bestimmen, was sie wolle und wo sie leben wolle.

Während der vorgenannten Verfahren 2015 formulierte Der Antragsteller seine Ziele dahingehend, dass die Kinder bei ihm wohnen werden und er von der Antragsgegnerin Unterhaltszahlungen erwarte.

Beweis: Schreiben vom 08.01.2016, **Anlage 1**

Auch in der Folgezeit arbeitete der Antragsteller beständig an seinem Vorhaben. Am 09.06.2016 war es dann so weit, dass die älteste Tochter von zu Hause weg lief. Sie erklärte, nun bei ihrem Vater leben zu wollen. Ein Grund für das plötzliche Ausbrechen des Kindes ist nicht bekannt oder ersichtlich. Vielmehr hat der Kindesvater die älteste Tochter offensichtlich manipuliert und mit der Erklärung, sie könne bei ihm machen, was sie wolle, gefügig gemacht.

Am 13.06.2016 stimmte die Antragsgegnerin in Anwesenheit des Jugendamtes einem probeweisen Wohnen der ältesten Tochter für 4 ½ Wochen bei ihrem Vater zu. Voraussetzung war, dass sich die älteste Tochter einer psychologischen Untersuchung unterziehen würde. Eine eingehende Untersuchung wurden jedoch durch den Antragsteller mittels eines gemeinsamen Auftretens bei einer jungen Psychologin verhindert.

Wie dringend die älteste Tochter jedoch Unterstützung braucht, lässt sich aus dem als **Anlage 2** beigefügten Gutachten erlesen. Es ist absolut untypisch, dass sie ohne jegliche Begründung jeden Kontakt zu ihrer sie seit 15 Jahren begleitenden Mutter ablehnt.

Vielmehr verhielt es sich so, dass keine 3 Wochen später die ersten Geldforderungen des Antragstellers bei der Antragsgegnerin eintrafen. Hierzu überreichen wir das Schreiben vom 08.07.2016 sowie 13.07.2016 als **Anlage 3.** In der Zwischenzeit wurde der „freie Wille“ der ältesten Tochter bei ihrem Vater zu leben, durch diesen geschulten Redner und Missionar, manifestiert.

Das Kind der Obhut und Sorge der Antragsgegnerin zu entziehen, um sie in die Verantwortlichkeit des Antragstellers zu geben, der zudem schwer erkrankt ist, hieße, sie in einer schwierigen Lebensphase allein zu lassen. Insgesamt ist daher der Antrag auf Übertragung des Aufenthaltsbestimmungsrechts abzulehnen. Die Übertragung entspricht in keinem Fall dem Wohle des Kindes.

Beweis: Einholung eines Sachverständigengutachtens.

Schließlich möchten wir auf einen weiteren Umstand hinweisen, der merkwürdig anmutet und für eine Manipulation durch den Kindesvater spricht: In dem Umgangsverfahren 2015 – dessen Akte beigezogen werden möge – hat die älteste Tochter im Dezember 2015 klar gesagt, dass sie bei der Kindesmutter bleiben und auf keinen Fall zum Kindesvater ziehen möchte. Wie es so plötzlich zu einem Sinneswandel bei dem Kinde gekommen sein soll, ist einfach nicht nachzuvollziehen. Auch insoweit soll ein kinderpsychologisches Sachverständigengutachten eingeholt werden.

Zuletzt weisen wir noch darauf hin, dass die Trennung der beiden Geschwister ebenfalls nicht dem Kindeswohl entspricht.

Beweis: Einholung eines Sachverständigengutachtens.

Die Rechtsanwälte
durch
für den kanzleiabwesenden RA

(Rechtsanwältin)

7. Schreiben des Jugendamtes an Frau G.:[26]

Regelung der elterlichen Sorge für Ihre älteste Tochter

Sehr geehrte Frau G.,

Ihre E-Mail vom 21.08.2016 haben wir erhalten und zur Kenntnis genommen.

Gemäß § 8 SGB VIII fand am 07.07.2016 mit Ihrer ältesten Tochter, in Abwesenheit des Kindesvaters, ein persönliches Gespräch statt. Im Hinblick auf die vorausgegangene Inobhutnahme Ihrer Tochter fand dieses Gespräch mit dem zuständigen Mitarbeiter des Fachbereichs Erziehungshilfen und Kindeswohl statt.

Wir teilen Ihnen auf diesem Wege mit, dass keine „Befragung" Ihrer ältesten Tochter stattgefunden hat. Ihre Tochter wünschte dieses Gespräch, um über ihre aktuelle familiäre Situation zu sprechen. Gemäß § 8 Abs. 3 SGB VIII besteht für Ihre Tochter ein eigener Beratungsanspruch. Von Seiten Ihrer Tochter liegt uns keine Entbindung der Schweigepflicht vor.

Es steht Ihnen jeder Zeit frei, mit dem Fachbereich Erziehungshilfen und Kindeswohl in Kontakt zu treten, um eine Hilfe zur Erziehung für Ihre Tochter anzuregen.

Mit freundlichen Grüßen
Im Auftrag

Kreisverwaltung

[26] 23.08.2016

8. Vermerk des Amtsgerichts:[27]

Vermerk über das Gespräch mit dem ältesten Kind:

Mit dem ältesten Kind wurde im Richterzimmer allein ein ausführliches Gespräch geführt. Sie schilderte zunächst, wie es zu dem ganzen Vorfall gekommen sei. Sie erklärt, dass sie sich schon länger darüber Gedanken mache, in den Haushalt des Vaters zu wechseln. Das sei keine Idee gewesen, die ihr auf einmal gekommen sei, sie habe darüber schon oft nachgedacht und auch natürlich mit ihrem Vater darüber gesprochen. Ihr sei es sehr bewusst, dass es keine einfache Entscheidung sei und insbesondere sei es auch für sie schwierig gewesen, wie sie diese Entscheidung ihrer Mutter beibringen sollte. Ihre Vorstellung sei gewesen, dass sie mit ihr einmal ein Gespräch alleine führe und ihr so die ganze Sache erläutern könne An diesem Tag habe sie diese Entscheidung getroffen, dass sie zukünftig im Haushalt des Vaters leben wolle. Sie sei dann nachhause gekommen und wollte mit ihrer Mutter eigentlich allein darüber ein Gespräch führen. Für sie bedeute das insbesondere, dass sich der Freund ihrer Mutter nicht im Haus befände und sich in das Gespräch mit einmischen könne. Sie gebe zu, dass ihr Verhältnis zum Freund ihrer Mutter nicht das Beste sei. Wegen ihr müsse es ihn nicht geben. Sie habe aber gesehen, dass ihre Mutter eine Zeit lang sehr glücklich gewesen sei und er ja auch der Vater ihrer Geschwister sei. Dies sei dann für sie in Ordnung. In letzter Zeit sei er aber wieder öfter da, und sie sehe dies auch mit gemischten Gefühlen. Sie habe dann, wie soll man es auch anders machen, ihre Entscheidung ihrer Mutter mitgeteilt. Die Sache sei dann etwas aus dem

[27] 29.08.2016

Ruder gelaufen. Insbesondere sei ihre Mutter dann vollkommen aus dem Häuschen gewesen. Sie habe sie als miese Bazille beschimpft. Sie sei verlogen und andere Dinge. Als sie das Haus verlassen habe, habe sie am Fenster gestanden und herausgeschrien: „Verflucht seist du“. Sie habe in ihrem Zimmer immer eine Art Notfalltasche gehabt für den Fall, dass sie einmal weg müsse. Sie selbst habe nie daran geglaubt, dass dieser Fall mal eintreten werde. Dann sei noch die ganze Sache mit der Polizei passiert. Sie sei sich sicher, sie habe ihrer Mutter mitgeteilt, dass sie zu ihrem Vater gehe. Sie habe gewusst, dass dieser schon aus der Klinik entlassen sei. Sie meine, sie hätte dies auch ihrer Mutter mitgeteilt. Aus ihrer Sicht habe es keinerlei Veranlassung gegeben, die Polizei zu informieren. Sie sei ja nicht vermisst gewesen. Bei der Polizei sei es letztendlich auch nicht wirklich toll gewesen. Am schlimmsten sei aber der Aufenthalt in der Inobhutnahmestelle gewesen. Das nehme sie ihrer Mutter schon übel, dass sie es habe darauf ankommen lassen.

Die älteste Tochter gab an, dass sie die Beleidigungen ihrer Mutter zum Teil nachvollziehen könne. Es sei eben quasi aus dem Affekt geschehen. Aber auch die eMails und die Briefe seien nicht wirklich toll gewesen. Andererseits habe sie sich schon darüber gefreut, dass ihre Mutter und ihre Geschwister sie an ihrem Geburtstag besucht haben. Die Situation sei allerdings schon etwas skurril gewesen. Kein Mensch habe damit gerechnet, dass sie alle auf einmal auftauchen würden. Letztendlich habe sie sich aber schon über den Besuch gefreut. Eine wirkliche Kommunikation mit ihrer Mutter habe nicht stattgefunden. Erst in letzter Zeit hätten sie sich ein bisschen austauschen können, ohne dass die Situation eskaliert sei. Sie habe sich die Sache gut überlegt, und sie habe für sich die Entscheidung getroffen, jetzt beim Vater leben zu wollen. Sie sei auch bereit, auf ihre Mutter zuzugehen, wenn etwas Zeit ins Land gekommen sei. Sie finde, die Situation müsse sich erst einmal wieder etwas beruhigen. Sie sei bereit, auch mit ihrer Mutter ein Gespräch unter vier Augen zu führen. Wichtig sei ihr dabei, dass weder ihr Vater noch insbesondere der Lebensgefährte ihrer Mutter dabei sei. Sie wisse auch überhaupt nicht, warum dieser überall mit dabei sei. Er sei hier auch im Gericht, und er sei auch mit zum Jugendamt gekommen. Sie sei der Auffassung, dass ihn diese Sache eigentlich nichts angehe. Auch sei ihrer Ansicht nach die Situation im Haushalt der Kindesmutter für sie nicht wirklich besser geworden, seitdem der Lebensgefährte sich wieder öfter dort aufhalte.

Richterin am Amtsgericht

9. Vermerk des Amtsgerichts: [28]

Vermerk

aufgenommen in der nichtöffentlichen Sitzung des Amtsgerichts – Famililengericht – am Montag, 29.08.2016

Gegenwärtig:

Richterin am Amtsgericht

Von der Zuziehung eines Protokollführers wurde gemäß § 28 Abs. 4 Satz 1 FamFG abgesehen.

In der Familiensache

Herr A.

- **Antragsteller –**

gegen

Frau G.

- **Antragsgegnerin –**

[28] 30.08.2016

Weitere Beteiligte:

Kind:
Die älteste Tochter

Jugendamt:
Jugendamt des Kreises

wegen elterlicher Sorge

Erscheinen bei Aufruf der Sache:

1. Der Antragsteller persönlich und sein Rechtsanwalt

2. Die Antragsgegnerin persönlich und ihre Rechtsanwältin

3. Die Herren und Damen Sachbearbeiter vom zuständigen Jugendamt

Die älteste Tochter wartet zunächst draußen.

Die Sach- und Rechtslage wird ausführlichst erörtert.
Die älteste Tochter befindet sich derzeit noch im Haushalt des Kindesvaters. Kontakte zur Kindesmutter haben in letzter Zeit nicht stattgefunden. Es ist jetzt zu ihrem Geburtstag zu einem Kontakt gekommen. Die Kindesmutter war mit den Geschwistern der ältesten Tochter da und hat ein Geburtstagsständchen gebracht und Geschenke überreicht.

b.u.v.

Mit der ältesten Tochter soll ein ausführliches Gespräch geführt werden. Dieses wird mit ihr allein im Richterzimmer geführt.

Nach Ende des Gesprächs werden die Beteiligten und das Jugendamt vom Inhalt des Gespräches informiert. Es wird nochmals darüber gesprochen, ob es eine einvernehmliche Regelung bezüglich des Aufenthaltes der ältesten Tochter zwischen den Kindeseltern geben kann.

Das zuständige Jugendamt befürwortet, dass die älteste Tochter ihrem Wunsch gemäß im Haushalt des Kindesvaters verbleibt.

Sodann schließen die Parteien folgende

Vereinbarung:

Die Kindeseltern sind sich darüber einig, dass der zukünftige Lebensmittelpunkt des ältesten Kindes im Haushalt des Vaters ist.

Vorgespielt und genehmigt.

Das zuständige Jugendamt stimmt dieser Vereinbarung zu.

b.u.v.

Die Vereinbarung der Kindeseltern wird familiengerichtlich genehmigt.

Vermerk wurde fertiggestellt am: 30.08.2016

Richterin am Amtsgericht

Justizbeschäftigte
als Urkundsbeamtin der Geschäftstelle
zugleich für die Richtigkeit und Vollständigkeit
der Übertragung vom Tonträger.

Der Tonträger wird frühestens 1 Monat
nach Zugang des Vermerks gelöscht,
sofern keine Einwendungen erhoben werden.

Beglaubigt:

Justizfachanwärter m. DLA
als Urkundsbeamter der Geschäftsstelle

10. Schreiben der Kanzlei „Wohlsein“ an Frau G.:[29]

A. ./. G.

Sehr geehrte Frau G.,

wir nehmen Bezug auf den am 29.08.2016 vor dem Amtsgericht stattgefundenen Termin in vorgenannter Sache.

Da Sie an dem Termin selbst zugegen waren, erlaube ich mir, die Angelegenheit nur kurz zusammenzufassen.

Die Sache wurde vom Gericht sehr ausführlich besprochen. Thematisiert worden sind insbesondere die E-Mails zwischen Ihnen und Ihrer Tochter. Auch haben Sie ausführlich geschildert, dass es für Sie sehr wichtig ist, zu verstehen, was überhaupt der Auslöser für den Ausbruch ihrer ältesten Tochter was. Seitens des Jugendamtes wurde sodann die Inobhutnahme thematisiert.

Sodann hat das Gericht sich sehr viel Zeit genommen, um das Kind persönlich anzuhören. Zusammenfassend erklärte sie dem Gericht, dass sie zur Zeit beim Vater bleiben wolle. Sie erklärte aber auch, dass sie gern mit Ihnen das Gespräch suchen möchte. Es soll versucht werden,

[29] 30.08.2016

zunächst eine Basis zu finden, um miteinander zu reden. Die zurückliegenden Geschehnisses sollen dann nach und nach aufgearbeitet werden. Hierzu würde dann auch bei Bedarf eine psychologische Beratung, bei deren Vermittlung das Jugendamt helfen würde, zur Seite stehen.

Da ihr Wunsch, zunächst beim Vater zu bleiben, absehbar war, hatten wir uns darauf verständigt, einem Aufenthalt im Haushalt des Vaters zuzustimmen.

Diese Reaktion hat die Gegenseite offensichtlich stark verunsichert; man ging auf unsere Zustimmung zunächst gar nicht ein, sondern beharrte auf einem Beschluss durch das Gericht. Diesen Gefallen hat das Gericht der Gegenseite jedoch nicht erwiesen. Das Gericht hat ausführlich erörtert, dass es im vorliegenden Fall keine Entscheidung über das Sorgerecht bzw. Aufenthaltsbestimmungsrecht der ältesten Tochter treffen werde. Es hat insoweit unsere Zustimmung als äußerst positiv bewertet.

Im Ergebnis ist es das Gleiche. Es hat jedoch eine andere, insbesondere positive Außenwirkung auf das Kind. Es zeigt, dass Sie sich ein Stück weit einsichtig gezeigt haben und auch auf die Wünsche des Kindes eingehen. Ich denke insoweit konnten wir ein entsprechend gutes Ergebnis erzielen. Das Ergebnis ist vor allem insoweit positiv, als die Gegenseite keine Beschlussentscheidung erhalten hat, wie gewünscht, sondern durch unsere Zustimmung „*überrumpelt*“ wurde.

Wir haben schließlich folgende gerichtlich gebilligte Vereinbarung getroffen:

Die Kindeseltern sind sich einig darüber, dass der zukünftige Lebensmittelpunkt der ältesten Tochter im Haushalt des Kindesvaters ist.

Wie bereits persönlich mit Ihnen besprochen, bin ich der Auffassung, dass Sie und Ihre älteste Tochter auf einem guten Weg sind. Auch hat das Jugendamt bestätigt, dass *„ein zartes Pflänzchen der Annäherung"* vorhanden ist, was aufgegriffen werden muss.

Geben Sie sich Zeit, gehen Sie aufeinander zu und sprechen miteinander.

Ich denke, dass sich das Verhältnis zwischen Ihnen und Ihrer Tochter in absehbarer Zeit positiv entwickeln wird. Ob sie dann tatsächlich bis zum Eintritt der Volljährigkeit beim Vater wohnen bleiben möchte, bleibt abzuwarten.

Sobald uns das Protokoll der mündlichen Verhandlung vorliegt, werden wir dies selbstverständlich an Sie weiterleiten.

Mit freundlichen Grüßen
für den kanzleiabwesenden RA

(Rechtsanwältin)

III. Unterhaltsforderungen (2016-2018):

1. Schreiben Kanzlei „ehr&wehr“ an Frau G.:[30]

Sehr geehrte Frau G.,

namens Ihres geschiedenen Ehemannes wenden wir uns an Sie mit folgendem Anliegen:

Ihre gemeinsame älteste Tochter hat sich entschieden, dauerhaft bei unserem Mandanten in dessen Haushalt zu leben. Aufgrund dessen entfällt hinsichtlich dieser die Unterhaltspflicht unseres Mandanten. Andererseits sind Sie verpflichtet, unserem Mandanten Unterhalt für sie zu leisten.

Für ein unterhaltsberechtigtes Kind beträgt der Unterhalt nach der Stufe 1 der Düsseldorfer Tabelle 450,00 €. Der das Kindergeld erhaltende Ehegatte, dies sind derzeit Sie, hat die Hälfte dieses Betrages hinzuzufügen, so dass ein Mindestunterhalt von 450 + 95 = 545,00 € zu zahlen ist.

Nach Zustimmung Ihrerseits, dass unser Mandant das Kindergeld erhält, ermäßigt sich dieser Betrag auf 355,00 €.

[30] 13.07.2016

Wir haben Sie aufzufordern, eine Jugendamtsurkunde über den Mindestunterhaltsbetrag zu errichten und zu unseren Händen diese Urkunde bei uns bis zum **26.07.2017** eingehend zu übersenden.

Damit ist allerdings der Unterhalt für die älteste Tochter nur vorläufig beziffert. Die endgültige Bezifferung kann nur aufgrund Ihres Einkommens erfolgen. Hierzu werden Sie gebeten, umfassend Auskunft zu erteilen über Ihr Einkommen in der Zeit von Juli 2015 bis Juni 201 und hierzu entsprechende Belege zu übermitteln.

Diese Auskunft erwarten wir ebenfalls bis zum **26.07.2016**.

Mit freundlichem Gruß

Rechtsanwalt

2. Schreiben Kanzlei „ehr&wehr" an Frau G.:[31]

Sehr geehrte Frau G.,

in der Unterhaltssache für Ihre älteste Tochter haben Sie unser Schreiben vom 13.07.2016 weder beantwortet noch Ihr Verhalten einschließlich entsprechender Zahlung und Errichtung einer Jugendamtsurkunde entsprechend geändert. Zur Erledigung unseres Schreibens vom 13.07.2016, das nochmals in Kopie beigefügt wird, setzen wir Ihnen eine Nachfrist bis zum 10.09.2016 zur Vermeidung einer (bei nur etwas gutem Willen von Ihrer Seite unnötigen) weiteren gerichtlichen Auseinandersetzung.

Des Weiteren erwarten wir die Herausgabe der vollstreckbaren Jugendamtsurkunde für den Unterhalt der ältesten Tochter ebenfalls bis zum 10.09.2016.

Nach ergebnislosem Ablauf dieser Frist sind wir gezwungen, Auskunfts- und Unterhaltsklage zu erheben.

Mit freundlichem Gruß

Rechtsanwalt

[31] 31.08.2016

3. Schreiben Frau G. an Kanzlei „ehr&wehr“:[32]

Sehr geehrter Herr Rechtsanwalt,

oben genannte Angelegenheit habe ich meiner Anwaltskanzlei übergeben.

Für evtl. Rückfragen wollen Sie sich an die Kanzlei „Wohlsein“ wenden.

Mit freundlichem Gruß

(Frau G.)

[32] 02.09.2016

4. Schreiben Kanzlei „Wohlsein“ an Kanzlei „ehr&wehr“:[33]

G. ./. A.

Sehr geehrte Kollegen,
sehr geehrter Herr Kollege,

wir nehmen Bezug auf Ihr Schreiben vom 31.08.2016.

Der Auskunftsanspruch wird anerkannt.

Unsere Mandantin hat bereits per 04.09.2016 Unterhalt für die älteste Tochter für den Monat September 2016 in Höhe von € 315 (€ 355,00 abzgl. € 40,00 Versicherungsbeitrag für die private Krankenversicherung) auf Ihr Konto überwiesen.

Unsere Mandantin benötigt eine Ummeldebescheinigung über den Wohnsitz der ältesten Tochter für die Berechnung des Gehaltes.

Zudem hatte Ihr Auftraggeber zugesagt, sich um die Krankenversicherung für die älteste Tochter zu kümmern. Unsere Mandantin benötigt insoweit eine Anmeldebestätigung bei einer Krankenversicherung, um die private Krankenversicherung für die älteste Tochter kündigen zu können.

[33] 08.09.2016

Hinsichtlich des anerkannten Auskunftsanspruches überreichen wir die Lohn- und Gehaltsabrechnungen unserer Mandantin für den Zeitraum Januar 2015 bis Juni 2016. Soweit hier nicht alle Monate vorliegen, liegt dies daran, dass sich das Gehalt dann nicht geändert hat. Der Arbeitgeber schickt nur dann Gehaltsmitteilungen, wenn sich etwas ändert.

Weitere Einkünfte hat unsere Mandantin in dem vorgenannten Zeitraum nicht erzielt.

Wir weisen darauf hin, dass die Mandantin für 3 weitere Kinder unterhaltspflichtig ist. Diese leben in ihrem Haushalt, so dass sie ihnen Naturalunterhalt gewährt. Für die gemeinsame jüngere Tochter bezieht unsere Mandantin seit Febr. 2016 Unterhalt von der Unterhaltsvorschusskasse, da Ihr Auftraggeber keinen Unterhalt leistet.

Zur Erstellung einer Jugendamtsurkunde haben wir unserer Mandantin geraten. Sobald diese vorliegt, werden wir diese an Sie weiterleiten.

Hinsichtlich des Kindergeldes haben wir der Mandantin geraten, sich an die zuständige Familienkasse zu wenden und eine Auszahlungsänderung an den Kindesvater zu beantragen. Ihr Auftraggeber mag sodann Kontakt mit der Familienkasse aufnehmen, seine Bankdaten mitteilen, damit die Auszahlung an ihn erfolgen kann.

Mit freundlichen kollegialen Grüßen
für den kanzleiabwesenden RA

(Rechtanwältin)

5. Schreiben Kanzlei „ehr&wehr" an Kanzlei „Wohlsein":[34]

Sehr geehrte Frau Kollegin,

in Sachen G. / A. – hier: Unterhalt für die älteste Tochter – bestätige ich dankend des Eingang Ihres Schreibens vom 08.09.2016 nebst den beigefügten Abrechnungen der Bezüge Ihrer Mandantin.

Wenn ich die Einkünfte im Jahr 2016 zugrunde lege, ergibt sich ein durchschnittliches Nettoeinkommen von ca. 2.470,00 €. Da Ihre Mandantin mietfrei im eigenen Hause wohnt, sind 500,00 € für ersparte Aufwendungen hinzuzurechnen, so dass abgerundet ein Einkommen von 2.900,00 € netto zugrunde zu legen ist bzw. Einkommensstufe 5 der Düsseldorfer Tabelle.

Bei einer großzügigen Abstufung wegen mehrerer Unterhaltsberechtigter ergibt sich ein Tabellenbetrag von 495,00 € bzw. ein Zahlbetrag von 400,00 €. Da unser Mandant während der Monate Juli, August und September das Kindergeld nicht erhalten hat, sondern Ihre Mandantin, werden für diese drei Monate jeweils 495 € geltend gemacht zuzüglich des hälftigen Kindergeldes von 95,00 €, also jeweils 590,00 €, wobei für den Monat September die von Ihrer Mandantin an uns überwiesenen 315,00 € abgesetzt werden.

Es verbleibt also nach gegenwärtigem Stand ein Rückstand an Unterhaltsansprüchen von 2 x 590,00 + 275,00 = 1.455,00 €. Um diesbezüglich eine baldige Einigung zu ermöglichen, mag hiervon jeweils

[34] 10.09.2016

der Betrag von 40,00 €, den Ihre Mandantin für die Krankenversicherung der ältesten Tochter gezahlt hat, abgesetzt werden, so dass sich ein Betrag von 1.335,00 € als rückständiger Unterhalt ergibt.

Davon ausgehend, dass ab Oktober das Kindergeld an unseren Mandanten gelangt, wird ab Oktober der Betrag von 400,00 € erwartet.

Ich hatte Ihnen die Kontonummer unseres Mandanten mitgeteilt. Ihre Mandantin wird gebeten, auf das genannte Konto künftig die Überweisungen vorzunehmen.

Unser Mandant meldet die älteste Tochter selbstverständlich umgehend um und wir Ihrer Mandantin eine entsprechende Bestätigung übermitteln.

Unser Mandant meldet die älteste Tochter bei seiner Krankenversicherung an und wir Ihrer Mandantin eine entsprechende Bestätigung ebenfalls übermitteln.

Auch mit der Kindergeldkasse hat unser Mandant bereits Kontakt aufgenommen. Selbstverständlich ist es hier hilfreich, wenn Ihre Mandantin der Familienkasse mitteilt, dass die Auszahlung des Kindergeldes künftig an unseren Mandanten erfolgt.

Mit freundlichen kollegialen Grüßen

Rechtsanwalt

6. Schreiben Kanzlei „Wohlsein“ an Kanzlei „ehr&wehr“:[35]

G. /. A.

Sehr geehrte Damen und Herren Kollegen,
sehr geehrter Herr Kollege,

in vorgenannter Angelegenheit kommen wir zurück auf Ihr Schreiben vom 10.09.2016.

Nach den uns vorliegenden Unterlagen liegt das bereinigte durchschnittliche Nettoeinkommen unserer Mandantin bei 2.041,00 €.

Der Wohnwert des Hauses beträgt lediglich 405,00 €, da eine anrechenbare Wohnfläche von 90 m² besteht, für die gemäß Marktmietspiegel 4,50 € je Quadratmeter anzusetzen sind.

Somit ist bei unserer Mandantin von einem bereinigten Nettoeinkommen in Höhe von 2.446,00 € auszugehen.

Da mehrere Unterhaltsberechtigte vorhanden sind, ist eine Abstufung um 2 Stufen vorzunehmen, sodass sich ein Kindesunterhaltsbetrag für die älteste Tochter in Höhe von monatlich 378,00 € ergibt.

---

[35] 26.09.2016

Die Berechnung ist jedoch noch nicht endgültig, da sich aufgrund des Wechsels der ältesten Tochter in den Haushalt Ihres Auftraggebers der Familienzuschlag ändern wird. Dieser wird vom Gehalt unserer Mandantin spätestens im Dezember rückwirkend abgezogen werden.

Wir schlagen daher vor, die Jugendamtsurkunde erst nach endgültig feststehender Berechnung des tatsächlichen Ruhegehaltes der Mandantin erstellen zu lassen, da sich die Zahlen ja noch einmal ändern werden.

Bis dahin haben wir der Mandantin geraten, den unsererseits errechneten Betrag in Höhe von monatlich 378,00 € auf das Konto ihres Auftraggebers zu erbringen.

Mit freundlichen kollegialen Grüßen

(Rechtsanwältin)

7. Schreiben Kanzlei „ehr&wehr“ an Kanzlei „Wohlsein“:[36]

Sehr geehrte Frau Kollegin,

in Sachen G. / A. bestätige ich den Eingang Ihres Schreibens vom 26.09.2016 und stimme zu, dass eine Jugendamtsurkunde errichtet wird, wenn das endgültige Einkommen Ihrer Mandantin feststeht.

Unabhängig hiervon schuldet Ihre Mandantin noch die Unterhaltszahlung für den Monat August. Sie wurde mit Schreiben vom 13.07.2016 zur Auskunft und Zahlung aufgefordert.

Unser Mandant erwartet deshalb nunmehr die Zahlungen für August durch Überweisung auf sein Konto bis spätestens zum 10.10.2016.

Ihre Mandantin hat Abzüge beim Unterhalt vorgenommen. Deren Berechtigung wird noch überprüft.

Mit freundlichen kollegialen Grüßen

Rechtsanwalt

---

[36] 30.09.2016

8. Schreiben der Familienkasse an Frau G.:[37]

Kindergeld nach dem Einkommensteuergesetz (EStG)
Hier: Erstattung von Kindergeld wegen Änderung der Anspruchsberechtigung für das Kindergeld

Sehr geehrte Frau G.,

Sie haben Kindergeld erhalten, obwohl darauf möglicherweise kein Anspruch bestand:

Zeitraum (von – bis): Juli 2016 – Oktober 2016
Betrag: 760,00 €

Begründung:

Das Kind lebt seit dem 13.06.2016 bei dem Kindesvater. Dieser hat ab Juli 2016 gemäß § 64 Abs. 2 EStG den vorrangigen Anspruch auf Kindergeld.

Die Familienkasse muss die Festsetzung des Kindergeldes aufgrund dieses Sachverhaltes ab Juli 2016 aufheben bzw. ändern (§ 70 abs. 2 EStG). Das zu viel gezahlte Kindergeld ist grundsätzlich von Ihnen nach § 37 Abs. 2 Abgabenordnung zu erstatten.

Für den Fall, dass Kindergeld zu erstatten ist, weist die Familienkasse schon jetzt darauf hin, dass der Erstattungsbetrag grundsätzlich in einer Summe zurückzuzahlen ist.

[37] 17.10.2016

Bevor abschließend entschieden wird, ob Sie den Betrag in Höhe von **760,00 Euro** erstatten müssen, soll mit diesem Schreiben eine möglicherweise erfolgte Weiterleitung des Kindergeldes an den Kindesvater geprüft werden.

Für eine Anerkennung der Weiterleitung müssen Sie

1.) Erklären, dass eine Weiterleitung des Kindergeldes an den Kindesvater erfolgt ist

u n d

2.) Eine schriftliche Bestätigung des Kindesvaters vorlegen, dass Sie das Kindergeld für den o. g. Zeitraum in voller Höhe an den Kindesvater weitergeleitet haben (nur gültig auf dem vollständig ausgefüllten beigefügten Vordruck). Der Vordruck ist von dem Kindesvater auszufüllen, nicht von Ihnen!

Nach Prüfung des Sachverhalts erhalten Sie einen abschließenden Bescheid.

Die Bestätigung über die Weiterleitung müssen Sie innerhalb eines Monats nach Zugang dieses Schreibens vorlegen. Falls Sie bis dahin nicht antworten, wird nach Aktenlage entschieden.

Anlage
Mit freundlichen Grüßen
Im Auftrag
Familienkasse

9. Schreiben der Familienkasse an Frau G.:[38]

Bescheid über Kindergeld nach dem Einkommensteuergesetz (EStG)

Sehr geehrte Frau G.,

in Ihrer Kindergeldangelegenheit ergeht folgende Entscheidung:

1.: Die Festsetzung des Kindergeldes für das erstgeborene Kind wird ab dem Monat November 2016 gemäß § 70 Abs. 2 EStG aufgehoben.

Begründung:

Zu 1.: ältestes Kind

Nach § 64 Abs. 1 EStG wird für jedes Kind nur einer Person Kindergeld gezahlt.

Der Vater hat das Kind in seinen Haushalt aufgenommen. Er hat somit den vorrangigen Anspruch auf Kindergeld (§ 64 Abs. 1 EStG).

Mit freundlichen Grüßen
Im Auftrag

Familienkasse

Anlage

[38] 17.10.2016

10. Schreiben Kanzlei „ehr&wehr“ an Kanzlei „Wohlsein“:[39]

Sehr geehrte Frau Kollegin,

in Sachen G. / A. überweist Ihre Mandantin als Unterhalt für die bei unserem Mandanten lebende Tochter für November 2016 einen Betrag in Höhe von 243,00 €, den sie wie folgt ermittelt:

378,00 € - 95,00 € (Kindergeld November) = 283,00 €
283,00 € - 40,00 € (Krankenversicherung) = 243,00 €

Schon in den Monaten zuvor hat Ihre Mandantin mal mehr mal weniger unrichtige Zahlen zugrunde gelegt.

Grundsätzlich können wir ja entsprechend der „Tabelle Zahlbeträge“ zur Düsseldorfer Tabelle dem Unterhalt von 378,00 € für die Tochter zustimmen. Nur: in dieser Zahltabelle ist eingearbeitet, dass der Zahlungsempfänger das gesamte Kindergeld hat. Dies ist bisher nicht der Fall gewesen. Ihre Mandantin verlangt nunmehr von unserem Mandanten Unterschrift unter eine Bescheinigung, dass sie in der Vergangenheit ab Juli 2016 bis Oktober 2016 unserem Mandanten das gesamte Kindergeld weitergeleitet hat. Dies ist jedoch nicht der Fall, sondern sie hat nach den hier vorliegenden Unterlagen jeweils für die Monate ab Juli 2016 nur 95,00 € an unseren Mandanten gezahlt, so dass für diesen Zeitraum von jeweils weitere 95,00 €, insgesamt also

[39] 03.11.2016

380,00 € zu zahlen sind, damit unser Mandant Ihrer Mandantin bescheinigen kann, für den genannten Zeitraum das gesamte Kindergeld erhalten zu haben.

Darüber hinaus ist die Tochter ab September 2016 über unseren Mandanten krankenversichert, so dass der Abzug eines Krankenversicherungsbeitrages – jedenfalls ab September 2016 – nicht gerechtfertigt ist und Ihre Mandantin somit noch 80,00 € nachzuzahlen hat für September und Oktober.

Nunmehr zieht Ihre Mandantin für den Monat November wiederum 40,00 € Krankenversicherung ab. Dem wird widersprochen und Ihre Mandantin gebeten, diesen Betrag an unseren Mandanten zu nachzuzahlen, des weiteren 190,00 € Kindergeld für November 2016, sofern Ihre Mandantin für November 2016 das Kindergeld noch erhalten haben sollte.

Mit freundlichen kollegialen Grüßen

Rechtsanwalt

11. <u>Schreiben Kanzlei „Wohlsein“ an die Familienkasse:</u>[40]

G. ./. A.
Ihr Zeichen: Kindergeldnummer

Sehr geehrte Damen und Herren,

wir vertreten die Interessen der Frau G. Die ordnungsgemäße Bevollmächtigung wird anwaltlich versichert.

Vorliegend geht es um die Bestätigung über die Weiterleitung von Kindergeld.

Der Kindesvater verweigert die Mitarbeit und füllte den von Ihnen übersandten Vordruck hinsichtlich der Bestätigung über die Weiterleitung von Kindergeld nicht aus. Die Mandantin hat uns daher gebeten, eine Fristverlängerung zu beantragen zur Beibringung der Kindergeldweiterleitungsbestätigung. Es wird daher höflich entsprechend um Fristverlängerung gebeten. Mit gleicher Post haben wir den Kindesvater bzw. seinen Bevollmächtigten angeschrieben und nochmals um Übersendung des Vordrucks gebeten.

Mit freundlichen Grüßen

(Rechtsanwältin)

---

[40] 11.11.2016

12. Schreiben Kanzlei „Wohlsein“ an Kanzlei „ehr&wehr“:[41]

G. ./. A.
Kindergeld

Sehr geehrte Kollegen,
sehr geehrter Herr Kollege,

in vorgenannter Angelegenheit überreichen wir das Formular zur Bestätigung über die Weiterleitung von Kindergeld zur Vorlage bei der Familienkasse. Wir haben Ihren Mandanten aufzufordern, den Vordruck auszufüllen und unverzüglich an die Kindsmutter oder uns zurückzusenden. Insoweit haben wir eine Frist bis zum

25. November 2016

notiert.

Bereits mehrfach hatte unsere Mandantin Ihren Auftraggeber per Mail aufgefordert, den Vordruck auszufüllen und an sie zurückzusenden, was leider bislang nicht geschehen ist.

Für den Zeitraum Juli bis Oktober 2016 hat unseres Mandantin das Kindergeld an Ihren Auftraggeber weitergeleitet, sodass die Voraussetzungen erfüllt sind. Die entsprechenden Belege liegen Ihrem Auftraggeber vor.

Mit freundlichen kollegialen Grüßen
(Rechtsanwältin)

---

[41] 11.11.2016

13. Schreiben der Familienkasse an Herrn A.: [42]

Kindergeld nach dem Einkommensteuergesetz (EStG)

Sehr geehrter Herr A.,

anbei sende ich die Bestätigung über die Weiterleitung von Kindergeld an Sie für die Monate Juli 2016 bis Oktober 2016 zur schnellstmöglichen Erledigung.

Mit freundlichen Grüßen
Im Auftrag

Familienkasse

[42] 15.11.2016

14. Schreiben der Kanzlei „Wohlsein“ an Kanzlei „ehr&wehr“:[43]

G. ./. A.

Sehr geehrter Herr Kollege,

in vorgenannter Angelegenheit kommen wir zurück auf die bisherige Korrespondenz.

In dem Verfahren 2016 haben Sie für Ihren Auftraggeber mitteilen lassen, dass dieser seit dem 01.11.2016 im öffentlichen Dienst beschäftigt ist. Dies hat für unsere Mandantin zur Folge, dass sie rückwirkend ab 01.11.2016 für die älteste Tochter, die bei Ihrem Auftraggeber lebt, keinen Familienzuschlag mehr erhält, was wiederum eine Reduzierung ihres Gehaltes zur Folge hat.

Nach den Angaben des zuständigen Sachbearbeiters bei der Versorgungskasse verbleibt für den Monat März 2017 nach Verrechnung der zurück zu zahlenden Familienzuschläge seit November 2016 lediglich ein Auszahlungsbetrag in Höhe von 531,32 € für unsere Mandantin. April 2017 wird sich das Nettogehalt unserer Mandantin nur noch auf 1.838,78 € belaufen.

Somit ist eine Neuberechnung des Kindesunterhalts für die älteste Tochter vorzunehmen. Dem Nettogehalt unserer Mandantin in Höhe von 1.838,00 € ist der Wohnwert in Höhe von 405,00 € hinzuzurechnen, so

[43] 31.01.2017

dass von einem monatlichen bereinigten Nettoeinkommen in Höhe von 2.243,00 € auszugehen ist.

Da unsere Mandantin aber für drei weitere Kinder unterhaltspflichtig ist, ist eine Abstufung um zwei Gruppen in Gruppe 1 der nunmehr geänderten Düsseldorfer Tabelle (Stand 01.01.2017) vorzunehmen, woraus sich der Mindestunterhalt in Höhe von monatlich 364,00 € ergibt.

Wir haben der Mandantin geraten, diesen Betrag ab Februar 2017 auf das Konto Ihres Auftraggebers für die älteste Tochter zu erbringen.

Mit freundlichen kollegialen Grüßen

(Rechtsanwältin)

15. <u>Schreiben der Unterhaltsvorschusskasse an Frau G.:</u>[44]

Unterhaltsvorschuss für die älteste Tochter
Rechtswahrungsanzeige gemäß § 7 Unterhaltsvorschussgesetz (UVG);
Unsere Anhörung vom 01.08.2017

Sehr geehrte Frau G.,
die hiesige Unterhaltsvorschusskasse hat für die Zeit *ab dem 15.09.2017* zur Sicherung des Unterhaltes für Ihre älteste Tochter eine laufende Unterhaltsleistung nach dem Unterhalsvorschussgesetz (UVG) in Höhe von *monatlich 268,00 €* gewährt, weshalb Sie diese Rechtswahrungsanzeige erhalten. [...] Bitte beachten Sie daher unbedingt, dass Sie für die Dauer der Leistungsbewilligung nach dem UVG nicht mehr mit befreiender Wirkung Unterhaltszahlungen an Ihr o.g. Kinder oder eine andere Person zu Gunsten dieses Kindes leisten dürfen. Zahlen Sie trotzdem Unterhalt an Ihr o.g. Kind oder eine andere Person zu Gunsten dieses Kindes, bleiben die Forderungen des Landes Ihnen gegenüber dennoch bestehen. [...] Um nun prüfen zu können, in welcher Höhe Sie an uns Zahlungen im Rahmen des § 7 UVG zu leisten haben, ist es erforderlich, dass Sie den beigefügten Bogen ***bis zum 27.10.2017*** ausgefüllt und unterschrieben an uns zurücksenden. Bitte fügen Sie auch alle notwendigen Nachweise, insbesondere auch Ihre aktuellen Einkommensnachweise bei.

Mit freundlichen Grüßen
Im Auftrag
Kreisverwaltung

[44] 29.09.2017

16. Schreiben der Unterhaltsvorschusskasse an Frau G.:[45]

Leistungen nach dem Unterhaltsvorschussgesetz – UVG – für die älteste Tochter

Sehr geehrte Frau G.,
nach Überprüfung Ihrer eingereichten Einkommensunterlagen, konnten wir lediglich einen vorläufigen monatlichen Einkommensdurchschnitt berechnen. Dieser beträgt 2.027,70 €. Für eine abschließende Berechnung benötigen wir Nachweise für insgesamt 12 Monate. Danach beträgt Ihre Unterhaltspflicht für das o.a. Kind für die Zeit vom 01.09.2017 bis zum 30.09.2017 121,00 €, für die Zeit ab dem 01.10.2017 bis zum 31.12.2017 monatlich 226,00 €. Ab dem 01.01.2018 beträgt Ihre Unterhaltspflicht monatlich 225,00 €. Außerdem besteht ein Zahlungsrückstand für unsere Unterhaltsvorschussleistungen für die Zeit vom 15.09.2017 bis zum 28.02.2018 von insgesamt 1.248,53 €. Zu dessen Begleichung fordern wir Sie auf, monatliche Raten in Höhe von 75,00 € zu leisten. Insgesamt fordern wir sie auf, ab März 2018 monatliche Zahlungen in Höhe von insgesamt 300,00 € (Unterhalt in Höhe von 225,00 € + Rückstandsrate in Höhe von 75,00 €) an uns auf das unten genannte Konto mit dem angegebenen Verwendungszweck zu leisten. Anbei erhalten Sie unsere Einkommensberechnung sowie zwei Mangelfallberechnungen. Unsere Bankverbindung lautet. Für Fragen stehen wir Ihnen gerne zur Verfügung.
Mit freundlichen Grüßen
Im Auftrag

Kreisverwaltung

[45] 28.02.2018

Kolibri 360 GmbH
Ferdinand-Jühlke-Straße 7
99095 Erfurt, Deutschland
produktsicherheit@kolibri360.de

Druck:
CPI Druckdienstleistungen GmbH
im Auftrag der
Kolibri 360 GmbH
Ferdinand-Jühlke-Str. 7
99095 Erfurt